...IMENT TERRITORIAL D'INFANTERIE

RÉUNION DES OFFICIERS

DES RÉQUISITIONS

EN TEMPS DE GUERRE

CONFÉRENCE FAITE LE 12 DÉCEMBRE 1899

PAR LE

Lieutenant COQUELLE

PARIS

Henri CHARLES-LAVAUZELLE

Éditeur militaire

10, Rue Danton, Boulevard Saint-Germain, 118

(MÊME MAISON A LIMOGES)

DES RÉQUISITIONS

EN TEMPS DE GUERRE

19ᵉ RÉGIMENT TERRITORIAL D'INFANTERIE

RÉUNION DES OFFICIERS

DES RÉQUISITIONS

EN TEMPS DE GUERRE

CONFÉRENCE FAITE LE 12 DÉCEMBRE 1899

PAR LE

Lieutenant COQUELLE

PARIS

HENRI CHARLES-LAVAUZELLE

Éditeur militaire

10, Rue Danton, Boulevard Saint-Germain, 118

(MÊME MAISON A LIMOGES)

DES RÉQUISITIONS

EN TEMPS DE GUERRE

I

Historique des réquisitions en temps de guerre, depuis l'antiquité jusqu'au décret du 19 brumaire an III.

Mon Colonel,

Messieurs,

Dans les temps anciens, la guerre impliquait nécessairement le pillage. Amis et ennemis y étaient soumis dans une mesure à peu près égale. De réquisitions régulières il ne fut jamais question.

Il appartenait à l'esprit pratique et essentiellement administratif des Romains d'établir les limites dans lesquelles les armées circonscriraient leurs exigences. Dès le troisième siècle avant Jésus-Christ, le Sénat de Rome prescrivait de quelle manière les réquisitions s'opéreraient sur le territoire de l'Italie en cas de guerre.

Les généraux avaient le droit de requérir, de leur propre autorité, le logement des troupes chez l'habitant — le munus hospitii — et aussi des denrées, fourrages, matériel, esclaves et charrois. La lecture des auteurs latins, notamment Tite-Live et Cicéron, ne laisse aucun doute à ce sujet. Les réquisitions générales, c'est-à-dire celles qui frappaient une province entière ou un pays ami, donnaient droit à une indemnité ; quant aux réquisitions locales, ordonnées au jour le jour à des villes ou villages, il n'est fait mention nulle part qu'elles aient reçu le même traitement.

En territoire ennemi, les choses se passaient aussi avec un certain ordre. Les « Commentaires » de César contiennent de nombreuses mentions de réquisitions levées sur les Gaulois ; c'étaient plutôt des contributions de guerre. Néanmoins, le pillage n'était pas la règle ; parfois seulement les généraux l'autorisaient pour satisfaire la passion du soldat fatigué par un siège prolongé.

Comme les Romains faisaient la guerre pour conquérir des peuples et se les assimiler ensuite en les civilisant, ils n'avaient aucun intérêt à les ruiner complètement.

Sous l'Empire, le droit de requérir reçut la sanction de nouvelles lois ; il fut établi sur des bases plus larges, notamment le logement chez l'habitant, à cause des guerres de plus en plus fréquentes dans les provinces excentriques. Mais le soldat

cantonné n'avait droit qu'au gîte ; le bois
de chauffage, l'huile, le sel lui étaient re-
fusés. La place au feu et à la chandelle
n'était pas encore entrée dans les mœurs.

Les Barbares, qui firent table rase de
presque toutes les institutions romaines,
ne respectèrent pas davantage le principe
des réquisitions. Le pillage reparut : on
s'y livra avec une ardeur désordonnée. Plus
que jamais, la guerre nourrît la guerre.

Sous les rois mérovingiens, on ne trouve
aucune mention de réquisitions régulières,
et il faut arriver à Charlemagne pour voir
le droit de prise se codifier. Les dispositions sanctionnées par de nombreux capitulaires rétablissent les réquisitions des
Romains pour les denrées, armes, vête-
ments, charrois, en temps de guerre, mais
ne mentionnent aucune indemnité ; la
campagne finie, on rendait aux requis
leurs chevaux, voitures, armes dans l'état
actuel : c'était tout. Il n'est pas question
du logement, pour deux motifs : d'abord,
la guerre ne durait que l'été, et on cam-
pait le plus souvent ; ensuite, le « munus
hospitii » était considéré comme une vertu
chrétienne pendant les premiers siècles
du moyen age ; il pouvait donc paraître
inutile d'en parler dans les capitulaires.

L'œuvre civilisatrice de Charlemagne ne
survécut pas au morcellement de son vaste
empire, et la féodalité laissa tomber en
désuétude les ordonnances sur les réquisitions. On revint aux errements des Barbares et de l'Antiquité. Le bon plaisir du

seigneur tint lieu de loi. La guerre était continuelle ; on pillait ses vassaux et ceux de ses ennemis, sans règle, sans merci.

Louis X dit le Hutin fut le premier roi capétien qui essaya de réagir sérieusement contre ces pratiques, que saint Louis lui-même avait été impuissant à combattre. Son ordonnance du 18 novembre 1315 inaugure la série des mesures concernant les réquisitions à l'intérieur du royaume, .et en temps de guerre. Elle mérite d'arrêter l'attention, parce qu'elle pose des principes qui sont encore en vigueur de nos jours. Le droit de réquisition est exclusivement réservé au trésorier du roi, maître des garnisons ; il l'exerce en personne ou par délégation et ne peut en faire usage que pour cause de guerre. Toute réquisition donne droit à une indemnité, payée sur-le-champ ou plus tard.

Malheureusement, la guerre de Cent ans vint porter un trouble profond dans le royaume, et les sages mesures prises par Louis X ne furent pas longtemps appliquées. Le mal devint si grand que, sur les doléances des Etats généraux, une ordonnance rendue par Jean le Bon supprima totalement le droit de prise, sans aucune exception ; il n'y est même plus fait mention des réquisitions. Le roi « défend à ses officiers de prendre chevaux, charrettes, grains, avoines, chars, bétail, ni autres choses nécessaires ».

Pendant la captivité du roi Jean en Angleterre, son fils, Charles V, reconnaissant ce qu'une telle prescription a de trop absolu, remet en vigueur l'ordonnance de Louis X et ajoute que les capitaines s'adresseront aux consuls ou autres administrateurs communaux des pays qu'ils traversent, et leur indiqueront les fournitures qui leur sont nécessaires. Les autorités civiles devront faire remise des objets indiqués et c'est par leurs soins que la livraison sera faite, afin d'éviter le contact entre les habitants et les soldats ; l'indemnité sera fixée à un prix raisonnable.

C'est exactement ce qui se passe à notre époque.

L'intention de Charles V était bonne : le résultat ne répondit point à son attente. La guerre contre les Anglais s'éternisait.

Charles VI supprima, en 1413, les réquisitions et même les lettres de prises, qui permettaient aux hommes d'armes, qui désolaient la France, de vivre d'une façon continue sur telle ou telle province pendant un temps déterminé.

Remarquons que, dans toutes ces ordonnances, le logement chez l'habitant n'était pas mentionné ; on le considérait encore comme un droit imprescriptible des gens de guerre.

Lorsque Charles VII organisa ses compagnies d'ordonnance — notre première armée permanente — il leur refusa le droit de réquisition, et, prenant en mains jusqu'au bout la cause de son bon peuple, il établit — chose inconnue jusque-là — une indemnité pour le logement de chaque lance, c'est-à-dire de six hommes. Les soldats devaient acheter tout leur nécessaire sur leur solde, en paix comme en guerre. Le remède fut pire que le mal : les gens d'armes n'achetaient pas, ils volaient. D'où ordonnances de Louis XI, en 1470 et 1485, rétablissant purement et simplement les réquisitions sur le même pied que Charles V.

Louis XII les confirma et ordonna .la formation de commissions pour fixer le prix des indemnités. Les intérêts des gens de guerre et ceux des habitants y étaient représentés ; des amendes et la prison punissaient ces derniers quand ils refusaient les réquisitions.

François Ier, qui, au dire de son sage prédécesseur et cousin, « devait tout gâter », s'empressa de supprimer ces utiles commissions d'indemnités, et les derniers Valois, en augmentant la solde de leurs troupes, abrogèrent les ordonnances sur les réquisitions.

Henri IV, s'il ne les rétablit point officiellement, en profita largement pendant la guerre civile ; il levait des réquisitions générales, s'adressant à une province entière et ne donnant droit à aucune indemnité, et des réquisitions locales, pour lesquelles les habitants étaient indemnisés.

Richelieu, en créant les services de l'intendance, réglementa aussi le fonctionnement des réquisitions en temps de paix et en temps de guerre. Il reprit les anciennes ordonnances des premiers Valois, mais

en élargit les bases (ordonnances de
Louis XIII de 1623-1629). Le peuple devait supporter directement la fourniture,
en nature ou en argent, des vivres nécessaires aux troupes, et leur logement, soit
dans les villes d'étape, soit dans les garnisons. Le droit de requérir appartenait
au Roi ou à ses lieutenants délégués. Les
réquisitions portaient sur les denrées et
fourrages, costumes, munitions et moyens
de transport ; elles étaient effectuées par
les soins des officiers municipaux, soit
pour la vie au jour le jour, soit pour les
approvisionnements des magasins. Les livraisons étaient constatées par des récépissés que délivrait le maréchal des logis
de chaque compagnie ; ils servaient à établir le montant des indemnités, dont le
droit était formellement reconnu. En cas
de refus, on avait recours à l'amende ou
à l'emprisonnement. Le logement était à
la charge de l'habitant, mais l'hôte ne devait que le lit, la place au feu et à la chandelle.

Sous Louis XIV, la pratique de tout
faire à l'entreprise modifia cet état de
choses. Les réquisitions ne sont plus, en
temps normal, exécutées directement par
les officiers de troupes, mais par des entrepreneurs civils et pour des fractions im-
portantes de l'armée. On réservait les réquisitions directes pour le cas de guerre
et le territoire ennemi; les armées du
grand Roi y recoururent fréquemment.

Les règlements de Louis XIV restèrent

en vigueur sous ses deux successeurs, sauf
ce qui concerne la réquisition directe des
moyens de transport, qui, conservée en
tout temps par Louis XIV, fut supprimée
en 1755 et remplacée par la passation de
marchés avec des entrepreneurs.

Pendant les campagnes de 1792 et 1793,
les réquisitions furent exercées selon le
bon plaisir des officiers de tout grade. Ils
avaient oublié toutes les ordonnances des
rois ; beaucoup d'entre eux, nouvellement
promus, ne les connaissaient même pas.
Comme la guerre prenait tous les jours
de plus grandes proportions et menaçait
de se prolonger, le Comité de salut public
rendit le décret du 18 brumaire an III.
Ce document législatif, qui est inspiré par
les ordonnances précédentes, autorisait
la réquisition de tous les objets nécessaires
aux armées, mais posait en principe qu'il
n'y aurait plus de réquisitions illimitées.

Malgré ses imperfections, le décret de
l'an III, remanié et complété par des décisions postérieures, resta en usage jusqu'à
la guerre de 1870.

Dès 1874 on s'occupa de confectionner
une nouvelle réglementation plus en har-
monie avec les effectifs considérables et
les conditions nouvelles de la guerre mo-
derne.

II

Réquisitions en territoire français.

La loi du 3 juillet 1877 et le règlement d'administration publique du 2 août de la même année règlent les réquisitions à exécuter sur le territoire français dans l'un des trois cas suivants : mobilisation totale, mobilisation partielle, rassemblement de troupes.

Nous ne nous occuperons ici que de la mobilisation totale, en analysant rapidement les dispositions qui s'y rapportent.

TITRE Iᵉʳ.

Le droit de requérir appartient exclusivement et de plein droit à l'autorité militaire, savoir : aux généraux commandant des armées, des corps d'armée, des divisions ou des troupes ayant une mission spéciale. Ils peuvent déléguer ce droit aux fonctionnaires de l'intendance ou aux officiers commandant des détachements.

Les généraux désignés ci-dessus peuvent remettre aux chef de corps ou de service des carnets à souche d'ordres de réquisition, contenant délégation du droit de requérir, pour être délivrés, par ces chefs de corps ou de service, aux officiers sous leurs ordres, qui pourraient être éventuellement appelés à exercer des réquisitions.

Chaque ordre contenu dans ces carnets indique :

L'armée, corps d'armée, division, brigade, état-major, ou régiment, bataillon, compagnie ;

Le nom de la commune au maire de laquelle, ou (par exception en l'absence de la municipalité) le nom et le domicile de l'habitant auquel l'ordre est adressé ;

La date, l'heure et le lieu de la livraison ;

La nature et la quantité des prestations ou des services requis ;

La date et le lieu où l'ordre a été rédigé ;

Le grade et le signataire du requérant.

Les mêmes indications figurent brièvement sur la souche, dont le feuillet d'ordre de réquisition est détaché.

En principe c'est l'officier d'approvisionnement du régiment qui, en l'absence d'un fonctionnaire de l'intendance ou par ses ordres, est chargé de réquisitionner les denrées ou fourrages nécessaires à son régiment. Que cet officier vienne à disparaître, n'importe quel officier subalterne peut être appelé à le remplacer, et à recevoir la délégation du colonel. Il en est de même pour tout officier envoyé en détachement.

L'article 8 du titre 1ᵉʳ du règlement précité va plus loin ; il dit : « Exceptionnellement, tout commandant de troupe, ou chef de détachement, opérant isolément, peut, même sans être porteur d'un carnet de réquisitions, requérir, sous sa responsabilité personnelle, les prestations nécessaires aux besoins journaliers des hommes et des chevaux placés sous ses ordres. »

Les sous-officiers et caporaux commandant de petits détachements ont-ils aussi ce droit ? Il n'en est question ni dans !a loi ni dans le règlement ; donc il faut conclure pour la négative.

Et cependant si l'officier commandant seul un détachement vient à être tué, comment le sous-officier qui prendra le commandement à sa place pourra-t-il nourrir ses hommes ?

La loi n'a point voulu reconnaître officiellement aux sous-officiers le droit de requérir ; mais, dans la pratique, il y a lieu de croire que le sous-officier placé dans la situation que nous venons de dire n'hésiterait pas à utiliser à tous risques le carnet de réquisitions de son chef décédé.

Exceptionnellement, les postes de correspondance, les isolés, les vélocipédistes reçoivent d'avance des ordres de réquisition détachés d'un carnet, et signés par le chef du détachement dont ils font partie. Mais ces ordres ne sont valables que pour requérir la nourriture chez l'habitant. Tout est rempli d'avance. Le nom de l'habitant est seul laissé en blanc et est ajouté par le titulaire de l'ordre, qui lui donne reçu. Ce n'est donc pas un blanc-seing, mais un ordre régulièrement établi.

L'officier détenteur momentanément d'un carnet de réquisitions doit le rendre à son chef de corps aussitôt qu'il a terminé la mission pour laquelle il lui avait été confié.

Si la réquisition a été opérée de plein droit et sans carnet, celui qui l'a exécutée en dresse un état qu'il remet à son chef de corps ; celui-ci le fait immédiatement parvenir, par la voie hiérarchique, au commandant du corps d'armée.

Titre II.

Que peut-on requérir sur le territoire national ?

Le logement chez l'habitant et le cantonnement pour les hommes et les chevaux, ainsi que les bâtiments nécessaires pour le personnel et le matériel des services de toute nature ;

La nourriture journalière des officiers et soldats logés chez l'habitant, conformément à l'usage du pays ;

Les vivres et le chauffage, les fourrages et la paille de couchage ;

Les attelages, voitures et bêtes de somme, y compris le personnel ;

Les moulins, fours, outils et machines nécessaires à la réparation du matériel ou des routes ;

Les objets d'habillement, d'équipement,

d'armement, de harnachement, de campement, etc. ;

Les soins aux blessés et malades, les
médicaments et pansements ;

Enfin, les services personnels, savoir :
guides, messagers, conducteurs, ouvriers
pour tous les travaux que les différents
services auront à effectuer.

Parmi ces divers services personnels, un
des plus importants est celui des guides.
Les cartes peuvent manquer ; il faut alors
de toute nécessité avoir recours aux gens
du pays pour parvenir au point désigné.
Le choix d'un guide n'est pas indifférent ;
la réussite d'une opération peut en dépen-
dre. Un guide présenté par la municipalité
offrira plus de garanties que tout autre ;
la manière de lui exposer son rôle exige
aussi une certaine habileté.

Titre III.

Du logement et du cantonnement.

Il n'est fait aucune distinction de personnes pour loger les troupes en cas de
mobilisation, à l'exception des détenteurs
de caisses publiques déposées dans leur
domicile et des veuves et filles vivant
seules ; toutefois, les uns et les autres sont
tenus d'y suppléer en fournissant le logement chez d'autres habitants, faute de
quoi il y est pourvu à leurs frais par la
municipalité. Le maire est autorisé à faire
envahir le domicile des absents.

Réquisitions.   1.

Les troupes logées chez l'habitant ont droit au feu et à la chandelle ; mais on ne peut jamais déloger les particuliers de leur chambre et du lit où ils ont l'habitude de coucher. Il n'est dû aucune indemnité pour le logement et le cantonnement en temps de guerre; toutefois, le fumier reste la propriété de l'habitant.

Les troupes sont responsables des dégâts et dommages occasionnés par elles dans les logements et cantonnements ; mais les réclamations, pour être valables, doivent être présentées par l'intermédiaire de la municipalité au commandant de la troupe et « avant » le départ de celle-ci. Le maire et le commandant dressent un procès-verbal contradictoire de la dégradation, et ce document sert à l'intéressé pour obtenir une indemnité.

En cas de départ inopiné des troupes, l'intéressé porte plainte au juge de paix, ou, à son défaut, au maire, et moins de trois heures après le départ des troupes. L'un ou l'autre de ces magistrats fait une enquête immédiate sur les lieux et délivre le procès-verbal.

Tous les trois ans, les maires établissent un état des ressources qu'offre leur commune pour le logement et le cantonnement des troupes.

Titre IV.

Exécution des réquisitions.

Toute réquisition doit être adressée à la commune.

L'ordre de réquisition est envoyé par un militaire au maire ou à son suppléant légal. Toutefois, si aucun membre de la municipalité ne se trouve au siège de la commune ou si une réquisition urgente est nécessaire sur un point éloigné de la mairie et qu'il soit impossible de la notifier régulièrement, l'ordre est remis directement aux habitants présents par l'officier requérant et reçoit son exécution séance tenante. Ce cas se présentera par exemple, pour un détachement arrivant tard dans un hameau écarté, ou dans une ferme isolée ; on ne peut pas forcer les hommes, épuisés ou mourants de faim, à attendre l'arrivée d'un conseiller municipal pour se mettre à l'abri ou réparer leurs forces.

Mais, en principe et lorsqu'il s'agit de requérir seulement des denrées, l'ordre est remis un jour ou plusieurs heures à l'avance ; ce délai est indispensable si la livraison est importante.

Les réquisitions opérées sur une commune ne doivent pas excéder les ressources qui existent sur son territoire.

Ne sont pas considérés comme prestations disponibles ou comme fournitures susceptibles d'être réquisitionnées :

1° Les vivres destinés à l'alimentation d'une famille et ne dépassant pas sa consommation pendant trois jours ;

2° Les grains ou autres denrées alimentaires se trouvant dans un établissement industriel et ne dépassant pas la consommation de huit jours ;

3° Les fourrages qui se trouvent chez un cultivateur et ne dépassent pas la consommation de ses bestiaux pendant quinze jours.

Si le maire déclare que les quantités requises excèdent les ressources de sa commune, il doit d'abord livrer toutes les prestations qu'il lui est possible de fournir. Le requérant peut toujours faire procéder à des vérifications. S'il trouve des denrées indûment refusées, il s'en empare, même par la force, et signale le fait à l'autorité.

Lorsque le maire accepte la prestation sans discussion, c'est lui qui est chargé de la faire livrer. Assisté de deux conseillers municipaux et de deux notables, il répartit la contribution entre les habitants et les contribuables, même quand ces derniers n'habitent pas la commune. Si les quatre membres convoqués par le maire tardent à venir, il procède seul, ou avec les personnes présentes, à la répartition. Ses décisions sont sans appel.

Le maire peut même faire ouvrir de vive force la maison d'un absent pour s'emparer des denrées qui y sont contenues.

On voit que l'autorité du maire est considérable, et qu'il est difficile aux habitants de se soustraire aux réquisitions.

Mais, si, par extraordinaire, l'officier requérant se heurte à la mauvaise volonté ou au refus du maire et des habitants; ou si, opposant la force d'inertie, personne ne répond à ses sommations et ne veut recevoir l'ordre de réquisition, la loi de 1877 l'autorise à recourir à la force. Il choisit des officiers, sous-officiers et soldats en nombre suffisant pour transporter les denrées et contenir la population. On procède alors à des visites domiciliaires. L'officier a soin de donner des ordres précis pour que les saisies soient exactement bornées aux denrées prescrites. Il rappelle les peines graves qui punissent le pillage.

Un maire, ou son suppléant, qui refuse d'obtempérer aux réquisitions régulièrement faites est passible d'une amende de 25 à 500 francs. Les habitants qui se mettent dans le même cas peuvent être condamnés à payer une amende égale au double de la valeur de la prestation requise.

Celui qui se soustrait à un service commandé par voie de réquisition est traduit devant un conseil de guerre ; sa peine est de six jours à cinq ans de prison.

L'officier requérant adresse un procès-verbal au procureur de la République dans les cas ci-dessus.

Réciproquement, tout militaire qui, en matière de réquisition, abuse des pouvoirs qui lui sont conférés ou qui refuse de donner reçu des quantités fournies est sous le coup de six jours à cinq ans de prison.

. Le fait d'exercer une réquisition sans en avoir le droit est assimilé à un vol ; s'il est commis sans violence, il est puni de un à cinq ans de prison. Si ces réquisitions sont commises avec violence, elles peuvent entraîner la mort avec dégradation militaire (art. 250 du Code de justice militaire).

De quelque façon que la réquisition ait été exécutée, volontairement ou par la force, l'officier qui l'a accomplie est tenu de donner reçu des objets livrés. « Car, si l'ordre de réquisition détermine la nature et l'étendue de l'obligation imposée, il ne prouve pas l'exécution du service réclamé. »

Le reçu a pour objet de mettre l'habitant à l'abri de pénalité au cas où il serait indûment poursuivi pour inexécution de la réquisition. Il lui permettra d'obtenir l'exemption ou la réduction de charges si de nouvelles réquisitions lui sont imposées. Enfin, il lui permettra de réclamer une indemnité pour ses livraisons.

C'est donc une pièce capitale, et l'on ne saurait mettre trop de soin dans son établissement.

Les reçus délivrés par les officiers chargés de la réception des prestations sont extraits d'un carnet à souche, qui est fourni par l'autorité militaire en même temps que les carnets d'ordres de réquisitions.

Toutes les fois qu'un détachement, ou même un militaire isolé, doit s'éloigner temporairement de l'officier délégataire pour accomplir une mission quelconque, cet officier remet au chef dudit détachement, ou au militaire isolé, un carnet de reçus ou tout au moins le nombre nécessaire de feuillets de reçus détachés d'un carnet. On remplit la souche plus tard, dans ce dernier cas.

Les reçus portent imprimées les différentes indications d'armée, corps d'armée, etc., qui figurent sur les ordres de réquisitions ; puis la mention détaillée des denrées, fourrages, etc., services, logement susceptibles d'être réquisitionnés. Il suffit de remplir les quatre colonnes indiquant le nombre et le taux des rations, et d'inscrire la quantité reçue en chiffres, puis en toutes lettres.

L'officier date et signe, en indiquant son grade.

Pour constater les services personnels comme guides, ouvriers, il est remis un certificat signé par le requérant.

Les reçus sont établis en bloc pour toute la commune. Le maire donne ensuite des récépissés individuels aux habitants.

Lorsqu'un chef de détachement est forcé par les circonstances de procéder à une réquisition sans avoir de carnet et sous sa responsabilité personnelle, ou qu'il a égaré son carnet de reçus, il en établit un sur une feuille volante, en y mentionnant bien lisiblement la nature et la quantité des denrées requises. Il a soin d'en conserver une copie, qu'il remet à son chef de corps aussitôt qu'il le rejoint.

TITRE V.

Règlement des indemnités.

Les reçus — nous l'avons déjà dit — ont pour principal objet d'établir les droits des requis au règlement des indemnités.

En effet, la réquisition est un achat forcé, une expropriation pour cause d'utilité publique, dont le paiement est remis à une date ultérieure.

Certes, il est bien pénible pour les habitants des campagnes de se voir privés pendant un temps plus ou moins long de leurs vivres et de l'argent pour s'en procurer d'autres. Mais ne faut-il pas que tous les citoyens supportent leur part des maux de la guerre et concourent à la défense du sol ?

La loi de 1877 pose le principe suivant : « Toutes les prestations donnent droit à des indemnités représentatives de leur valeur, sauf les cas spécialement déterminés par l'article 15 de la présente loi. »

Le paragraphe 3 de cet article 15 refuse l'indemnité pour le logement chez l'habitant et le cantonnement des troupes pendant la mobilisation.

Une commission d'évaluation des indemnités, composée de militaires nommés par le ministre de la guerre et de civils nommés par le préfet, fonctionne dans chaque département aussitôt l'ouverture du droit de réquisition. Les membres civils ont toujours la majorité : deux sur trois, trois sur cinq, quatre sur sept.

Les opérations de ces commissions, les contestations avec les habitants, la détermination et le règlement des indemnités sont des questions du domaine administratif et judiciaire, qui ne rentrent pas dans le cadre de cette étude.

La même observation s'applique aux titres suivants de la loi et du règlement de 1877 :

Titre VI : des réquisitions relatives aux chemins de fer;

Titre VII : des réquisitions de l'autorité maritime;

Titre VIII : Dispositions relatives aux chevaux, mulets et voitures nécessaires à la mobilisation;

Titre IX : Dispositions spéciales aux grandes manœuvres.

Pour l'étude de ces loi et règlement et, d'ailleurs, pour tout ce qui a trait aux réquisitions, on consultera avec fruit le « Code-Manuel des réquisitions militaires » et l'édition officielle mise à jour des textes en vigueur des « Réquisitions » qu'a publiés l'éditeur militaire Charles-Lavauzelle (1).

____

(1) Le premier vol. 3 fr. 50; le second, broché, 0 fr. 75.

III

Réquisitions en territoire ennemi.

Dans une remarquable conférence sur le droit des gens, faite en 1895, un de nos camarades a exposé les grandes lignes du système des réquisitions en pays ennemi.

Nous demandons la permission d'y revenir, en étudiant le projet de déclaration de la Conférence internationale de Bruxelles en 1874 sur les lois et coutumes de la guerre.

Les lois françaises sur la matière ne sont pas applicables dans toute leur étendue à un pays ennemi occupé par nos troupes. On le comprend aisément. Les troupes d'occupation ne sont pas tenues aux mêmes ménagements envers un ennemi, même paisible, qu'envers un compatriote. Elles doivent cependant limiter leurs exigences, d'abord par humanité, ensuite pour ne pas exaspérer l'ennemi et rendre plus difficiles les négociations possibles en vue de la paix.

Le principe de « la guerre nourrit la guerre » n'est plus de mise, et la Conférence réunie à Bruxelles, au lendemain de la guerre franco-allemande, a voulu prévenir toute velléité de retour à ces pratiques barbares.

A) Légitimité et limites du droit de réquisition des services personnels. — Cette légitimité découle du fait même de la guerre ; en effet, la bonne exécution des services ne saurait être assurée avec le personnel des ouvriers militaires et des troupes, et l'envahisseur est obligé d'avoir recours aux services des habitants. Ce procédé est peu conciliable avec la liberté individuelle des non-combattants et leurs sentiments de patriotisme ; il est cependant inévitable, et peut être atténué dans ses effets :

1° En ne l'employant que dans le cas de nécessité absolue ;

2° En ne réclamant que les services en rapport avec les facultés, les forces et la situation sociale des requis ;

3° En n'exposant pas ces derniers aux risques de guerre.

Ceci concerne les bateliers, les conducteurs de voitures, les travailleurs aux fortifications, enfin les guides.

La question des guides a donné lieu, pendant la Conférence de Bruxelles, à de longues et pénibles discussions. Certains membres prétendaient qu'on devait s'engager à ne pas en prendre, car le fait de conduire les troupes ennemies constitue un acte portant un préjudice énorme à son propre pays. D'ailleurs, n'a-t-on pas des cartes topographiques excellentes de tous les pays d'Europe ? Qu'on les tire à un nombre considérable d'exemplaires, qu'on en munisse tous les officiers, et les guides n'auront plus leur raison d'être.

Cette motion fut rejetée, et l'on adopta ce texte vague et très élastique : « La population d'un territoire occupé ne peut être forcée de prendre part aux opérations militaires contre son propre pays ».

Or, le fait de conduire des voitures, de servir de guide, de dresser des ouvrages de fortification ne fut pas considéré comme part « active » de la guerre.

Seulement, le « Droit international codifié », de Bluntschli, établit une distinction en ce qui concerne les guides :

« Un habitant du pays qui s'offre volontairement comme guide à l'ennemi et lui montre les chemins est considéré comme traître et puni comme tel. Celui qui, au contraire, y est contraint par les troupes ennemies n'est pas punissable d'après les lois de la guerre. Un individu isolé ne peut résister à une armée, car, au point de vue humain, comment exiger d'un homme qu'il devienne un martyr et se laisse mettre à mort par pur patriotisme ?

» Toutes les armées ont besoin de guides, toutes recourent aux menaces pour s'en procurer. Personne ne peut être puni pour avoir cédé à la nécessité.

» Les guides qui trompent sciemment les troupes ennemies qu'ils sont chargés de conduire peuvent être punis de mort. »

Ceci ne semble pas conciliable avec les principes d'humanité. D'ailleurs, un guide qui se trompe pourra toujours arguer d'ignorance ou d'erreur.

La Conférence de Bruxelles n'a point tranché cette grave question ; on continuera donc à réquisitionner des guides en pays occupé, jusqu'à ce que les progrès des sciences géographiques permettent de s'en passer.

Le « Service en campagne » nous indique les précautions à prendre à leur égard.

b) La légitimité du droit de réquisition d'objets matériels s'établit par le fait même que l'envahisseur doit pourvoir à ses besoins et ne peut traîner des magasins trop considérables à la suite de ses armées. D'ailleurs, si le soldat ne pouvait réquisitionner régulièrement, il pillerait, ce qu'on doit éviter à tout prix. Certes, il vaudrait mieux acheter les denrées ; mais outre que l'armée n'aurait pas souvent les sommes nécessaires, le prix de vente susciterait des contestations et des retards.

En conséquence, toutes les nations continuent à adopter le droit de réquisition de vivres et fourrages en pays ennemi.

Le colonel suisse von Rustow proposait non seulement de réquisitionner « tout ce qui est nécessaire à l'envahisseur, mais encore de lui procurer, en plus, un certain luxe, de manière à le maintenir en bonne humeur. Seulement, il faudra demeurer toujours aimable et s'en tenir le plus possible aux formes accoutumées. »

Ce luxe est charmant. En quoi consistet-il ? Nous serions bien embarrassé de le dire.

Cela nous rappelle les réquisitions des armées françaises pendant la guerre de Sept ans. L'une d'elles, est typique.

Le 6 août 1757, le duc de Randan, lieutenant-général, s'arrêtait, avec l'avant-garde de l'armée, à quelques lieues de Hanovre et envoyait un trompette requérir, en termes fort civils, de la municipalité, la livraison immédiate audit trompette de : six livres de poudre de riz de première qualité, demi-livre de la meilleure pommade, soixante jeux de cartes françaises à jouer et quatre mains de papier buvard.

Les armées de Louis XV comprenaient le luxe à la manière du colonel von Rustow.

Tels furent les premiers objets réquisitionnés devant Hanovre. Le lendemain seulement, on pensa aux choses utiles, savoir : trente bœufs, quarante-cinq tonneaux de bière, douze cordes de bois, du grain et de la poudre.

La Conférence de Bruxelles a traité à fond la question de savoir ce qu'on avait, au juste, le droit de réquisitionner en pays ennemi. Divers projets lui furent proposés ; elle accepta celui du délégué russe, conçu en ces termes :

« La propriété privée devant être respectée, l'ennemi ne demandera aux communes et aux habitants que des prestations en rapport avec les nécessités de guerre généralement reconnues et en proportion avec les ressources du pays. »

Rentrent dans cette catégorie :

1° Le cantonnement et le logement des troupes, qu'on exigera dans la plus large mesure, mais sous les réserves suivantes :

L'habitant qui aura recueilli des blessés, chez lui sera dispensé de loger les militaires (art. 5 de la Convention de Genève).

Cependant, comme deux ou trois soldats soignés dans un vaste château ne doivent pas le mettre à l'abri du logement, un article additionnel ajoute : « Il ne sera tenu compte que dans la mesure de l'équité du zèle charitable déployé par les habitants. » Cela laisse une certaine latitude à l'officier chargé de requérir le cantonnement.

Les églises, temples et synagogues ne seront pas assujettis au principe du logement et cantonnement des troupes (art. 38). En cas de nécessité absolue, et après entente avec les ministres du culte, on pourrait déroger à cette règle.

Les hospices, hôpitaux, asiles pour la vieillesse peuvent recevoir des troupes, mais dans des locaux bien séparés de ceux occupés par les malades ou blessés.

Les veuves, filles vivant seules, communautés religieuses de femmes et maisons d'éducation de jeunes filles ne doivent être contraintes au logement que si elles possèdent des dépendances pouvant être séparées complètement des bâtiments d'habitation.

En somme, la Conférence de Bruxelles a entendu établir à peu près les mêmes règles que pour le cantonnement en pays ami.

2° Les denrées et fourrages.

L'exemple de campagnes célèbres — notamment celles d'Italie en 1796, 1800, celles d'Autriche et de Prusse en 1805 et 1806 ; la guerre de sécession, de Sadowa et de 1870-71 — a démontré quel profit on pouvait tirer des réquisitions de denrées en pays occupé pour exécuter des marches rapides loin de ses convois.

Actuellement, comme les effectifs seraient plus considérables, les réquisitions présenteraient aussi plus de difficultés ; cependant, elles resteront encore le moyen principal d'alimentation, soit pour nourrir directement les troupes, soit pour charger les convois.

La nourriture chez l'habitant, à la journée ou à la demi-journée, jouera aussi un rôle important en campagne, surtout pour les petits détachements, et dans les villages.

D'après l'intendant Baratier, « un pays est considéré comme d'un rendement moyen quand il peut nourrir pendant une journée un nombre de soldats sextuple de celui de sa population, et en outre un nombre de chevaux égal au quart de l'effectif des hommes susceptibles d'être nourris ».

Cette règle peut servir de base pour les réquisitions.

Le combustible nécessaire à la cuisson des aliments ne sera pas requis, en bloc, mais fourni par chaque logeur aux soldats présents chez lui.

Les liquides, cidre, bière et particulièrement le vin, dans les pays qui en produisent, devront être réclamés à l'occupé.

3° Les chevaux et voitures nécessaires aux transports de l'armée occupante.

Ces chevaux et voitures ne seront pas retenus trop longtemps : relevés par huitaine ou par quinzaine, ils servent plus régulièrement, coûtent moins, pèsent moins lourdement sur les populations, et, en leur donnant confiance, facilitent les réquisitions ultérieures.

La même règle s'applique aux réquisitions des moyens de transport pour les malades et blessés.

Les réquisitions de voitures pour transporter les troupes par relais, fort employées par Napoléon Ier, seront rares, à cause des nombreuses lignes de chemins de fer qui sillonnent l'Europe centrale ; cependant, il peut se faire qu'on y doive recourir, par suite de la destruction des lignes ; elles sont d'ailleurs d'une exécution difficile.

4° Les chemins de fer et bateaux.

Le « Manuel des lois de la guerre », de l'Institut de droit international, et le « Manuel de droit international à l'usage des officiers de l'armée de terre » autorisent la réquisition ou plutôt la saisie des chemins de fer et télégraphes appartenant à l'Etat ennemi ou à des Compagnies privées ; mais, dans la seconde hypothèse, l'occupant devra restituer le matériel de ces dernières à la fin de la guerre.

Pour ce qui concerne la restitution du matériel des chemins de fer appartenant à l'Etat, la Conférence de Bruxelles n'a pas résolu la question nettement.

On saisira de même les bateaux à vapeur ou autres, sur les fleuves, canaux, les lacs et dans les ports de mer, qu'ils appartiennent à l'Etat ou à des particuliers, et quand bien même, comme parfois en Suisse, ils forment l'unique moyen de locomotion des habitants.

5° Les hôpitaux et asiles.

Ils seront requis pour y placer des malades et blessés, mais la Conférence de Bruxelles a expressément défendu que les malades civils en soient chassés pour faire place à ceux de l'envahisseur.

6° Les objets d'habillement, de harnachement, équipement et campement.

Ces objets donnent lieu à de larges réquisitions, tant chez les particuliers que chez les négociants, si la guerre se prolonge.

c) Exécution des réquisitions en pays ennemi. — Lorsque les ressources locales ont été évaluées par le commandement, et les zones de réquisition réparties entre les différents corps, les officiers d'approvisionnement procèdent à l'exécution.

Les règles posées par le titre IV de la loi et du règlement de 1877 pour le territoire national sont applicables en pays occupé ; les carnets d'ordres de réquisition sont les mêmes. Les denrées sont apportées par les soins des habitants au point indiqué sur l'ordre de réquisition et remises, en présence de l'officier requérant, aux hommes chargés de les placer sur les voitures. Si on cantonne, et que les réquisitions soient exécutées en présence des troupes, celles-ci peuvent, sur la demande des autorités, aider dans l'exécution de la réquisition.

« Mais, en pays ennemi, il faut éviter, avec plus de soin encore qu'en territoire ami, le contact direct entre les habitants requis et les soldats, car il est rare que ces derniers, livrés à eux-mêmes, ne s'adjugent plus qu'il ne leur est nécessaire, de sorte qu'une bonne partie des ressources se perd sans profiter à personne. »

Ceci plus particulièrement quand on prend la nourriture chez l'habitant à la journée. Les chefs s'attacheront alors à surveiller leurs hommes, pour les empêcher de piller ou de gaspiller.

Si la réquisition est générale, elle est adressée par les généraux ou les intendants délégués aux préfets ou gouverneurs des provinces.

Quand la réquisition régulière est « infructueuse », lorsque les habitants ou les autorités refusent de livrer, ou « impraticable », parce que la commune est désorganisée, ou qu'elle est «urgente», quand une troupe arrive tard en un lieu éloigné de l'agglomération, on procède à l'exécution forcée, par voie de perquisitions domiciliaires. D'abord les issues de la localité sont gardées par des sentinelles, qui doivent empêcher qui que ce soit de sortir ; d'autres sont placées dans les rues, puis le village est divisé en secteurs répartis entre les diverses fractions de la troupe. Les maisons sont fouillées par des hommes, sous la conduite d'un officier ou d'un sous-officier, et le butin réuni au point central de chaque secteur.

Des réquisitions de ce genre ne doivent être exécutées que dans les cas exceptionnels ; elles portent l'occupant à l'indiscipline, irritent les populations et ne produisent que peu de résultats, car les habitants de mauvaise volonté trouvent souvent le moyen de soustraire leurs denrées aux recherches.

L'appareil de la force, convenablement employé, des menaces de perquisitions, l'arrestation de quelques notables auront raison des refus.

La Conférence de Bruxelles a adopté l'article suivant (42), qui est le corollaire des réquisitions : « Pour toute réquisition, il sera accordé une indemnité ou délivré un reçu. »

Le « Manuel des droits de la guerre » ajoute : « Des mesures doivent être prises pour assurer le caractère sérieux et la régularité de ces quittances. L'occupant, tenu de laisser une marque écrite de ses exigences, commet moins d'abus. et garde plus de modération. Les officiers qui les délivrent doivent en écrire lisiblement le texte, y consigner les éléments essentiels qui déterminent la valeur marchande de la prestation, en marquer la date, joindre à leur signature l'indication de leur grade et du corps auquel ils appartiennent, et noter, le cas échéant, s'ils agissent par délégation d'une autorité supérieure. »

Pour la nourriture chez l'habitant l'occupant est tenu aussi de délivrer reçu.

La Conférence de Bruxelles n'a pas tranché la question de savoir à qui il faut remettre le reçu quand les habitants sont en fuite, ou qu'ils refusent de le recevoir.

Le reçu n'engage pas l'occupant à donner ultérieurement une indemnité ; il permet seulement aux habitants des pays occupés de la réclamer à l'issue de la guerre auprès de leur propre gouvernement.

IV

Il nous reste quelques mots à dire des réquisitions en argent et du droit des neutres habitant les pays occupés.

Autrefois, les contributions en argent étaient fournies par les villes désireuses de se racheter du pillage. Actuellement, elles sont un prélèvement anticipé sur l'indemnité de guerre, un moyen de pression exercé sur les habitants en général du pays occupé, enfin un équivalent d'amendes, d'impôts non payés et de prestations non livrées en nature.

Bien qu'elles soient contraires au droit des gens, dans le sens strict du mot, on continuera d'en prélever.

La Conférence de Bruxelles a décidé que les réquisitions en argent ne pourraient être imposées que par les généraux en chef, sous leur responsabilité, ou par l'autorité civile supérieure établie par l'ennemi dans le territoire occupé. Les manuels du droit de la guerre confirment cette prescription.

La guerre étant une relation d'Etat à Etat, les propriétés des neutres établis sur le sol occupé doivent être respectées. Mais ceux-ci peuvent-ils échapper aux réquisitions ? Aucunement, l'étranger qui va se fixer dans un pays fait foi pour les garanties auxquelles il a droit pour sa personne et sa propriété ; il est donc naturel qu'il suive dans une certaine mesure la fortune de ce pays. Ensuite, si on voulait ne pas soumettre les neutres aux réquisitions, on se heurterait dans la pratique à des lenteurs et à des discussions. En conséquence ils sont sujets aux mêmes charges que les nationaux.

Les navires neutres seront aussi requis dans les ports des pays occupés, ainsi que leurs marchandises, mais, dans ces deux cas, une indemnité s'impose.

V

Mesures de sûreté à prendre pendant l'exécution des réquisitions.

Qu'une réquisition soit exécutée en territoire national ou en pays occupé, les mesures de précaution sont les mêmes. Elles dépendent uniquement du plus ou moins de proximité de l'ennemi.

a) A proximité de l'ennemi.

Supposons une compagnie chargée d'opérer une réquisition dans un village et ayant avec elle des voitures. Le capitaine s'avance en ordre de marche, une section comme avant-garde. Arrivé dans le village, le chef de celle-ci s'arrête quelques instants pour placer des sentinelles aux issues de la localité. Il leur prescrit de ne laisser sortir personne. Cette précaution est très importante, surtout en pays ennemi. Puis il reprend sa marche et va établir sa section en petit poste dans la direction présumée de l'ennemi. Il se couvre par des sentinelles et choisit sa ligne de déploiement et de retraite vers le village pour le cas d'attaque.

Le capitaine dispose ses voitures en parc dans un champ à proximité de la route et dont l'accès soit facile. Une section reste au parc; elle est destinée soit à aider les habitants pour le chargement des voitures, soit à exécuter la réquisition elle-même s'il faut avoir recours à la force.

L'ordre de réquisition est porté au maire par un soldat, à moins que le capitaine n'ait jugé plus convenable de le faire remettre par le chef de la section d'avant-garde.

Les deux sections restantes sont établies comme réserve dans le voisinage du parc, en un point où elles pourront aisément recueillir le petit poste et défendre les voitures, le cas échéant.

Au fur et à mesure que les denrées sont chargées sur les voitures, celles-ci se mettent en marche et vont se placer en file sur la route, de manière à partir sans perdre de temps quand le moment sera venu.

Lorsque la réquisition touche à sa fin, le capitaine fait revenir le petit poste, puis se retire, en observant avec le plus grand soin les prescriptions relatives à l'escorte des convois.

Si l'ennemi se montre, le chef du petit poste déploie sa troupe, s'assure de la direction de l'attaque et en avise immédiatement le capitaine. Quelle que soit la force de l'adversaire, le chef du petit poste doit défendre le terrain énergiquement, battre en retraite pied à pied, afin de donner au convoi le temps de se mettre en route.

Quant au capitaine, il arrête la réquisition et fait filer, sans perdre un instant, les voitures avec ce qu'elles ont pu charger.

Mieux vaut laisser sur le terrain une partie des denrées que de compromettre les équipages et le butin récolté.

Les deux sections de réserve prennent part à la lutte, soutiennent et recueillent le petit poste et enfin exécutent la marche rétrograde par échelons.

B) Si on sait d'une façon positive que l'ennemi est à plus d'une journée de marche, les mesures de sécurité restent les mêmes ; mais, comme on n'a aucune crainte que la réquisition soit troublée, l'effectif du petit poste et de la réserve est moins considérable. Un peloton suffit largement à exécuter l'opération.

TABLE DES MATIÈRES

Paris et Limoges. — Imp. milit. H. Charles-Lavauzelle.